Zeit mit mir

**Das Gutscheinbuch mit zahlreichen Gutscheinen
zum Eintragen und Verschenken**

Die Hafenprinzessin

Dieses Gutscheinbuch ist für:

_____

Es wird dir geschenkt von:

_____

Bitte löse es in folgendem Zeitrahmen ein:

◯   1 Jahr   ◯   2 Jahre   ◯   unbegrenzt

Impressum

© 2020 youneo projects flick und weber GbR

Verantwortlich

Christian Flick / Mathias Weber

youneo projects flick und weber GbR, Poststraße 1, 49326 Melle

info@youneoprojects.de, www.youneoprojects.de

Herstellung und Verlag

BoD - Books on Demand, Norderstedt

Bildquellen

© NATNN/shutterstock (Cover), ddok/shutterstock

Hafenprinzessin® ist eine eingetragene Marke der youneo projects flick und weber GbR.

ISBN: 9783750436701

Gutschein

für 1 x Rasenmähen

Gutschein

für 1 x Hund ausführen

Gutschein

für 1 x Katze füttern

Gutschein

für 1 x Unkraut jäten

Gutschein

für 1 x Lebensmittel einkaufen

Gutschein

für 1 x Bier trinken

Gutschein

für 1 x Wein trinken

Gutschein

für 1 x Tannenbaum
schmücken

Gutschein

für 1 x Blumen gießen

Gutschein

für 1 x Auto waschen

Gutschein

für 1 x Hemd bügeln

Gutschein

für 1 x im Wald
spazierengehen

Gutschein

für 1 x Kochen

Gutschein

für 1 x Essen gehen

Gutschein

für 1 x Umarmen

Gutschein

für 1 x Zuhören &
Ratschlag geben

Gutschein

für 1 x Besuch beim
Stadtfest

Gutschein

für 1 x Besuch beim
Weihnachtsmarkt

Gutschein

für 1 x Taxiservice
durch mich

Gutschein

für 1 x Stadtbummel

Gutschein

für 1 x Kaffee trinken gehen

Gutschein

für 1 x Shopping

Gutschein

für 1 x Kinobesuch

Gutschein

für 1 x Lieblingsfilm schauen

Gutschein

für | x

Gutschein
für | x

Gutschein

für | x

Gutschein

für 1 x

Gutschein

für 1 x

_____

_____

Gutschein
für 1 x

Gutschein
für 1 x

_____

_____

Gutschein
für 1 x

_____

_____

Gutschein
für 1 x

Gutschein
für 1 x

_____

_____

Gutschein
für 1 x

_____

_____

Gutschein

für 1 x

Gutschein

für | x

Gutschein

für 1 x

_____

_____

Gutschein

für | x

_____

_____

Gutschein

für 1 x

_____

_____

Gutschein
für | x

Gutschein
für 1 x

Gutschein

für | x

Gutschein
für 1 x

_____

_____

Gutschein

für | x

_____

_____

Gutschein
für 1 x

Gutschein
für 1 x

Gutschein
für 1 x

Gutschein
für 1 x

_____

_____

Gutschein
für 1 x

Gutschein
für 1 x